dinage ſententieux, & une Satyre délicate contre les Romans, les Contes, les Brochures intermittantes, les Poëſies voluptueuſes, & les Riens à la mode. Mais votre premiere Lettre n'eſt-elle point encore une ſeconde Préface, & n'étoit-ce point aſſez d'une dans un petit Ouvrage? Vous badinez avec beaucoup d'eſprit les Moraliſtes qui veulent trouver les principes des Arts, des Sciences, & de la Morale même chez les Animaux: cependant prenez-y garde; ne vous ſeriez-vous point laiſſé emporter par le feu de votre imagination, lorſque vous vous moquez des moralités qu'on tire des magaſins de la Fourmi. *Vade ad Formicam, ô piger!* C'eſt Salomon qui nous la propoſe pour exemple, & toute la Phyſique du monde ne peut infirmer l'autorité des Livres Saints. Je voudrois auſſi que vous ménageaſſiez davantage l'illuſtre M. Boileau. Permettez-moi de vous dire qu'un jeune homme riſque beaucoup à entreprendre de jetter du ridicule ſur un ſi grand perſonnage, & vous attaquez peut-être ſa meilleure Satyre. Je doute encore que vous ayiez pû créer le terme de *Bibliophage* dans cette même Lettre, & enſuite celui de *Miomancie* dans la huitiéme; n'eſt-ce point tomber dans le Néologiſme

logisme contre lequel vous proteſtez.

Dans la ſeconde & troiſiéme Lettre vous profitez habilement des Fables de la Fontaine, & de toutes celles qu'on a faites ſur les Rats; vous en développez les morales, & vous y en ajoutez par tout de votre fond, qui prennent toujours une tournure gracieuſe ſous votre plume. Cependant on vous reprochera peut-être d'avoir trop anatomiſé ces Fables, & je ſuis ſurpris, en effet, que vous ayez ainſi perdu de vûë le génie du ſiécle, qui n'eſt point du tout pour la Morale. En mon particulier, ces deux Lettres me plaiſent infiniment avec quelque modification. Par exemple, à propos de ce Rat petit-maître, qui trouvoit mieux ſon compte à chérir ſa petiteſſe, & à mépriſer la grandeur de l'Elephant, vous ajoutez que c'eſt par le même principe d'amour propre qu'une laide déclame contre la fragilité de la beauté; qu'un vieillard blâme les plaiſirs de la jeuneſſe; qu'un Epictete, dans l'eſclavage, prêche la patience & la conſtance, &c. C'eſt donner une foible idée de la vertu d'Epictete, que de l'attribuer à la néceſſité de ſon état, & il me ſemble que ce Stoïcien, dont les Chrétiens même admirent la morale, mérite un jugement plus favorable. La com-

 paraiſon

LETTRE CRITIQUE
DE
MONSIEUR L'ABBÉ***.
A MONSIEUR***.
SUR
SON HISTOIRE DES RATS,
AVEC
LA REPONSE DE L'AUTEUR.

A RATOPOLIS.

M. DCC. XXXVIII.

LETTRE CRITIQUE A MONSIEUR*** SUR SON HISTOIRE DES RATS.

MONSIEUR,

J'AI lû avec satisfaction votre HISTOIRE DES RATS : vous avez annobli votre sujet, vous l'avez égayé, vous y avez mis de l'interêt, de la critique, de la morale ; & pour un homme de guerre, une variété d'érudition dont des Savans de profession s'accommoderoient bien. En general tout le monde doit convenir que vous avez tiré d'un sujet aussi sterile par lui-même, plus qu'on ne pouvoit esperer. *Materiam superavit opus.* Je vous en félicite sincérement ; mais me permettrez-vous, Monsieur, quoique je n'aye pas l'honneur de vous connoître, de vous proposer quelques doutes sur certains endroits de votre Histoire qui m'ont frappé ?

Votre discours préliminaire est d'un tour inimitable ; c'est, d'un bout à l'autre, un ba-

 dinage

paraison que vous faites de vos Souris à une troupe de Novices, n'est-elle point aussi un peu trop cavaliere? Je ne vous la chicannerai point, mais je ne vous passerai jamais votre Satyre sur *les Religieux :* je nomme ainsi cette allégorie soutenuë, où, sous l'image de vos Rats solitaires, vous voulez peindre des hommes. Je doute qu'Erasme, qui attaquoit par tout les Moines, eût osé le faire si vivement.

» Ces Rats solitaires, dites-vous, ne quittent rien en quittant le monde, où ils auroient vécu misérablement & sans considération, au lieu que dans leurs Hermitages ils regorgent de biens, s'engraissent de loisir, &, par dessus le marché, passent dans leur Nation pour des Saints. Or c'est un titre qui borne leur ambition, & les dédommage amplement de tous ceux ausquels ils auroient pû prétendre. Ils se voüent donc au repos en se voüant à la retraite, & leur vocation n'est que l'effet d'une aversion insurmontable pour le travail, ou d'une incapacité absoluë pour toute autre chose. » Cependant ils se croyent dans un état de perfection, ils méprisent souverainement le monde, & (ce qui est plus extraordinaire) ils l'ont accoutumé à leurs mépris.

» Inutiles

» Inutiles à l'Etat, dont ils ne font partie que » comme pensionnaires, les besoins, les dan- » gers, les malheurs de la Republique ne » les touchent pas. Ces soins temporels trou- » bleroient leur dévotion, qui consiste à n'ê- » tre occupés que d'eux-mêmes. Insensibles » pour tout le reste du monde, ils sont parve- » nus à un excès de dureté qui leur ôte jus- » qu'aux sentimens naturels, qu'on ne peut, » sans être Hermite, refuser à ses semblables. » Ainsi tous les Rats qu'ils appellent *séculiers* ou *mondains*, ne sont, à léurs yeux, qu'une » multitude profane, que les saints Anacho- » retes verroient périr sans les assister, peut- » être même sans les plaindre. Tels sont ces » Rats solitaires, &c.

En bonne foi, Monsieur, avez-vous pensé que vos Lecteurs ne sentiroient pas une allusion si bien marquée ? Et comment n'en avez-vous pas prévû les conséquences ? Il ne siéd jamais de railler sur des sujets si délicats ; on se fait tort à soi-même, & l'on devient comptable des mauvaises impressions qu'on peut donner aux autres. La Fable du Rat Levantin n'avoit pas besoin d'un Commentaire semblable. Quand M. de la Fontaine dit que ce Reclus offrit ses prieres aux Ambassadeurs de Ratopolis, & ferma sa porte ; cela s'entend assez ; mais vous faites encore là-dessus une nouvelle glose.

» Vous pensez bien, dites-vous, que ses » prieres ne firent pas lever le blocus deRa- » topolis. Cependant il y avoit peut-être en- » core vingt mille Rats retirés dans des Char- » treuses de bled ou de fromage qui auroient » pû le faire lever, s'ils avoient voulu y mar- » cher, & secourir la Ville de leurs person- » nes, non de prieres inutiles.

Vous n'avez pas fait attention, sans doute, que cette expression *de prieres inutiles*, prise dans l'esprit de votre allégorie, détruit un des premiers dogmes de l'Eglise : je crois cependant que vous pensez bien ; mais il faut être orthodoxe jusques dans le langage. Si je vous parle si franchement, Monsieur, c'est que tout me paroît de conséquence lorsqu'il s'agit de la Religion, sur tout dans un tems où les prétendus esprits forts sont si communs.

Je suis persuadé que votre quatriéme Lettre est celle qui vous a plus coûté : il falloit y mettre autant d'esprit que vous avez fait, pour donner de l'agrément à ces énumerationns continuelles de tant d'especes differentes de Rats. Il me semble cependant que vous vous étes trop étendu sur ceux de cer-

veau ;

veau : une allégorie pareille fondée uniquement sur une expression populaire, a de la peine à se soutenir long-tems, malgré les portraits dont elle est ornée.

Je suis charmé de voir vos Rats figurer en Heros & en Conquerans dans votre cinquiéme Lettre; c'est proprement leur Histoire militaire, & tous les traits en sont choisis & instructifs. Mais n'auriez-vous pû nous apprendre d'une autre maniere, qu'ils ont été adorés principalement en Phrygie? La crainte, dites-vous, qui fit les premiers Dieux du monde, força les Phrygiens de les Déïfier. Voilà justement l'expression de Lucrece: *Primus in orbe Deos fecit timor*, & vous seriez sans doute fâché qu'on vous soupçonnât de penser aussi hardiment que ce Poëte. Je vous aurois encore conseillé de supprimer quelques termes qui me paroissent impropres, comme celui de *Benefice* que vous donnez aux terres d'un Prêtre d'Apollon; celui de *Miracles* que vous appliquez à des prodiges fabuleux, & quelques autres expressions semblables que vous transportez à la Religion Payenne. Ces sortes de métaphores ne doivent pas être permises dans le langage de notre Religion, parce qu'elles ont toujours un air d'ironie & d'indécence.

 Pour

Pour votre ſixiéme Lettre, c'eſt une critique toute pure de l'Antiquité, & ſur tout d'Homere : vous triomphez par tout où vous pouvez jetter du ridicule ſur ſes Dieux & ſes Heros. » Tous les Princes Grecs, dites-vous, » eurent bien la patience de ſe morfondre dix » ans devant les murs de Troye pour ven» ger l'injure de Menelas, comme ſi l'hon» neur de toute la Grece eût été attaché au » front de ce bon Prince. Qu'avoient fait » Priam, & les Troyens à ces redreſſeurs de » torts, comme le ſçut bien dire Achille » lorſqu'il boudoit pour avoir Briſeis ? Et que » leur importoit que la belle Helene fût en» tre les bras de Paris, ou du fils d'Atrée ? » Etoient ils ſages d'abandonner leurs Etats » & leurs femmes pour faire rendre celle de » Ménélas ? Ils méritoient le même malheur » que lui. Le prudent Ulyſſe l'échapa bel» le ; jugez du ſort des autres qui n'a» voient pas des Penelopes comme le Roi » d'Itaque.

Mais Ménélas n'avoit-il pas un juſte ſujet de faire la guerre aux Troyens ? Agamemnon n'étoit-il point interreſſé à venger l'injure de ſon frere, & n'étoit-il pas naturel que les Alliés de ces Princes ſe joigniſſent à eux ? L'Iliade, à mon avis, ne peche pas par cet endroit

endroit-là. Vous n'auriez pas fait convenir Madame Dacier que vous raillez, qu'Achille n'est qu'un garçon mutin, & que la plûpart des Héros d'Homere n'ont qu'un héroïsme emprunté, & je crois que ceux qui sçavent apprécier les Ouvrages des Anciens trouveront que vous les méprisez trop.

Vous donnez encore occasion de soupçonner que vous pensez librement, lorsqu'en parlanr des frayeurs de Psicarpax, Prince Rat, qui est prêt à se noyer, vous dites que la crainte, passion toujours dévote, lui fit faire des vœux à Jupiter, & que c'étoit bien convenir qu'il n'avoit plus de ressource. La réflexion que vous faites ensuite sur sa mort est de la même nature. « Il implora en vain, » dites-vous, les Dieux vengeurs de l'Hos» pitalité violée, ils sont ordinairement du » côté de la prudence, & il avoit négligé » cette Divinité. « Tout cela peut se prendre en très mauvaise part par rapport à la Providence.

Au reste, votre analyse du combat des Rats & des Grenoüilles est faite avec beaucoup d'art, on doit sur tout vous avoir obligation de nous avoir donné un plan & un détail circonstancié de cette bataille, qui n'est dans l'original qu'une action sans ordre &

& ſans conduite : c'eſt placer heureuſement & à propos les connoiſſances de votre métier. Mais je crois que vous aviez vos raiſons pour toutes les manœuvres que vous faites faire aux Rats, & je doute fort que ces batteaux qu'ils jetterent ſur le marais, & ce paſſage qu'ils firent en preſence des Grenouilles, ſans être apperçus, ſoient une ſimple imagination.

Après la lecture de votre ſeptiéme Lettre, on conçoit parfaitement la fécondité ſurprenante des Rats, ſans recourir aux prodiges des Naturaliſtes, ni à la Magie. Mais en relevant les préjugés du peuple, qui accuſe les Sorciers de multiplier les Rats, vous étendez ſon ignorance juſqu'au Manichéiſme. Vous dites, qu'accoutumé à ne conſiderer les choſes que par rapport à l'interêt qu'il en retire, ou à l'incommodité qu'il en reçoit, il admet confuſément deux principes, Dieu, & les Démons. C'eſt exagerer viſiblement ; il n'y a point de Payſan qui ne ſoit aſſez inſtruit, pour ſçavoir diſtinguer la puiſſance illimitée de Dieu, de celle des Démons.

Il eſt tems, Monſieur, que je finiſſe mes obſervations. J'en ſuis à votre huitiéme Lettre, où vous rendez preſque les Rats aimables, par tous les genres d'utilité que vous leur

leur donnez ; elle eſt pleine de recherches agréables, & je n'y vois qu'un défaut, c'eſt qu'elle eſt la derniere ; car, malgré ma critique, je vous avouë que j'ai trouvé votre Ouvrage trop court. On eſt fâché d'arriver à la concluſion d'un Livre écrit avec autant de génie & de délicateſſe : le titre trompe avantageuſement vos Lecteurs qui ne ſe promettant que de l'amuſement, ſont ſurpris à la fin d'avoir trouvé dans un badinage, & ſous un ſtile cavalier, de la ſolidité & de l'inſtruction.

J'ai l'honneur d'être avec eſtime & conſidération,

MONSIEUR,

Votre très-humble & très-obéiſſant ſerviteur, L***, Chanoine de ***

*A ***, Ce 15. Octobre 1737.*

REPONSE

REPONSE
A LA
LETTRE CRITIQUE
SUR L'HISTOIRE DES RATS.

MONSIEUR,

SI vous avez pensé que j'aye conservé pour les Rats des entrailles d'Auteur, toujours prêtes à s'émouvoir à la Critique, vous avez présumé trop favorablement de mon naturel. Je vous avouë que je ressemble à ces meres dénaturées qui exposent leurs enfans sans s'embarrasser de leur sort. Lorsque j'abandonnai mon Ouvrage au Public, je ne me reservai que le souvenir indifferent de l'avoir fait, bien déterminé à ne jamais le défendre. Il est vrai que je n'en fis pas serment, & je n'en suis pas faché aujourd'hui, car je croi qu'il n'auroit pas tenu contre la censure Theologique dont vous m'honorez : je regarderois avec tranquillité toute autre espece

pece de Critique purement litteraire ; mais il ne m'eſt pas permis d'être inſenſible aux ſoupçons que vous jettez ſur ma façon de penſer ; vous me forcez de vous donner une Apologie au moins de mes ſentimens. Permettez-moi d'abord, MONSIEUR, de ne prendre que ſur le pied du courant toutes les louanges dont vous aſſaiſonnez votre critique, elle auroit été également bien reçuë ſans cette envelope. Je ſuis fort éloigné d'avoir l'érudition ſur laquelle vous vous récriez : mais ſi je l'avois, pourquoi voudriez-vous, MONSIEUR, que j'euſſe forcé mon métier, le vôtre n'en demande aſſurément pas davantage ; en faut-il plus pour chanter éternellement des Pſeaumes dans un ſtale, que pour ſervir le Roi ? Cependant quand je rencontre un Chanoine ſavant, je ne l'en félicite pas comme d'un prodige ; malgré ma louange, il me ſçauroit mauvais gré de mes préjugés contre ſon état. Je vous demande pardon, MONSIEUR, ſi je ſuis peu ſenſible à un compliment qui pourroit peut-être flatter tout autre que moi, en recompenſe, vous me trouverez très-docile ſur vos obſervations.

Je me paſſe condamnation ſur mes deux Préfaces, vous avez raiſon, j'aurois pû mieux faire

faire, j'en suis déja convenu publiquement dans mon Discours préliminaire, & j'en conviens encore en particulier avec vous. Cependant ces deux Préfaces, puisque vous les nommez ainsi, sont si differentes, qu'elles peuvent être nécessaires toutes les deux; le Discours comme Préface, & ma premiere Lettre, comme une introduction à mon Histoire. Au reste, je me condamne encore, mais à condition de me bien défendre de l'irrévérence dont vous m'accusez ensuite à l'égard de Salomon. Premierement, ce seroit à M. de Reaumur à concilier ses Observations physiques avec les Livres saints, puisque c'est lui qui a le premier détruit les magasins des Fourmis: mais comme je serois coupable d'avoir préferé l'autorité d'un Académicien à celle de Salomon, il faut que je vous tranquillise l'esprit. Salomon envoye le paresseux prendre des leçons chez la Fourmi, il faut suppléer pour apprendre d'elle à devenir laborieux: *Vade ad Formicam ô piger.* Ce texte dit bien que la Fourmi est laborieuse, & je ne le nie pas, mais il ne dit pas qu'elle fasse des magasins pour vivre l'hyver, & c'est ce que je nie avec M. de Reaumur; elle bâtit avec le grain qu'elle amasse, & ne le mange point, car elle

elle demeure ſans mouvement tout l'hyver, comme preſque tous les Inſectes. Après tout, MONSIEUR, Salomon eut-il dit auſſi expreſſément que M. Deſpreaux :

Cet animal tapy dans ſon obſcurité,
Jouit l'hyver des biens conquis pendant l'été.

Cela n'effrayeroit aucun Phyſicien, parce que l'on ſçait (& vous ne devez pas l'ignorer) que l'Ecriture ſe conforme aux préjugés populaires, ſans y ſoumettre ceux qui étudient la nature. On croit ſans héréſie, que la terre tourne, & qu'elle eſt ronde, contre le langage de l'Ecriture : & nous ſçavons qu'il y a des Antipodes, malgré les excommunications de S. Auguſtin. Ainſi, MONSIEUR, raſſurez-vous, l'autorité de Salomon eſt parfaitement à couvert, & je la révére autant que vous.

Pour M. Boileau, comme ſes Poëſies ne ſont pas dans le nombre des Livres Canoniques vous me permettrez, s'il vous plaît, d'en parler un peu plus librement. Je ne me choquerai point des préjugés que vous formez contre ma jeuneſſe ; ſçavez-vous que je ne la donnerois pas pour toute la reputation de M. Boileau : Dans le vrai ſyſtême

du

du bonheur, cette jeunesse méprisée par envie, a des avantages réels, dont ni la maturité des ans, ni la raison, ni la gloire, ni la Philosophie même ne peuvent point dédommager. Oüi, MONSIEUR, je suis jeune, je le sens, & je voudrois avoir long-tems ce plaisir. Mais laissons-là mon Baptistaire, & les titres de M. Boileau ; je vous demande seulement si sa Satire sur l'homme n'est pas une pure déclamation, & si ce que je critique n'est pas d'un faux palpable. Comment pouvoit-il, contre le témoignage de ses yeux, nous prêcher sur la foi d'Horace, de Juvénal, de Pline, que les animaux de la même espece se respectent mutuellement, & ne se font point la guerre? Ne voyoit-il pas les chiens se déchirer dans les ruës de Paris, les moutons, les bœufs, les chevaux, & les oiseaux même se battre dans les campagnes? Et tout le monde pouvoit l'assurer, que les bêtes féroces ne sont pas plus pacifiques. Veut-on élever l'homme? c'est le Roi de la nature, son ame est une portion de la divinité, les élemens sont faits pour lui, & les animaux ne sont que des machines, ou tout au plus des creatures, soumises aveuglément aux loix d'un instinct grossier, & destinées aux usages de l'homme.

Veut-

Veut-on l'abaisser ? c'est une créature miserable, ignorante, vicieuse, malheureuse par sa raison même qui est moins sûre que l'instinct des brutes. Ainsi, voilà l'homme tantôt au dessus des bêtes, & tantôt au dessous, selon qu'il plaît aux Moralistes de le placer. M. Boileau a donc consideré l'homme par le côté qui pouvoit lui fournir une Satire, & en a fait tout d'un coup le plus sot animal de la nature. Ensuite, pour prouver cette proposition hiperbolique, il a été obligé de recourir a d'autres hiperboles, & de faire un panegirique des animaux par tous les lieux communs, & toutes les fausses suppositions des déclamateurs. Madame Deshoulieres qui avoit autant d'esprit que lui, & plus de délicatesse, ne dit point séchement que les animaux ne sont pas cruels comme les hommes, elle en convient au contraire, mais elle les excuse adroitement, en rejettant leur cruauté sur les fureurs & les jalousies de l'amour. Sentez-vous, MONSIEUR, combien ce tour ingénieux est éloigné de l'enthousiasme de M. Despreaux.

Enfin, il faut être Philosophe pour raisonner sur l'homme, parce qu'on ne peut en bien parler qu'en Philosophe, & M. Boileau ne l'étoit guére. Si vous ne convenez pas encore que sa Satire sur l'homme soit très-foible ; lisez l'Essai de M. Poppe sur le même sujet ; la comparaison vous en fera convenir assurément, & je ne sçai si le parallelle que vous ferez du génie de ces deux Poëtes, vous laissera une si grande idée de M. Boileau.

Je vous prie de n'avoir plus de scrupule sur les mots de *Bibliophage*, & de *Miomancie* ; tous les composés du Grec ont le privilege de paroître hardiment dans les Sciences & dans les Arts, il suffit même pour qu'ils soient bien venus par tout, qu'on sçache leur généalogie, ou qu'ils ressemblent à quelqu'autres termes déja connus, & les miens ont cet avantage. *Bibliophage*, mangeur de Livres, est à l'instar d'Antropophage, *Miomancie*, divination sur les Rats, est à l'instar de Géomancie, Chiromancie, Nécromancie, &c.

Beaucoup de mes Lecteurs jugeront, sans doute, comme vous, de ma seconde & de ma troisiéme Lettre ; mais je les ai faites justement pour un certain public qui doit en juger autrement. Le goût du siécle est plus porté pour les reflexions, & pour les morales que vous ne pensez : Voyez les Histoires de Marianne & du Païsan parvenu, vous y

trouverez

trouverez les ſentimens diſtilés, pour ainſi dire, les paſſions décompoſées & reduites à leurs dernieres parties; ces deux Romans ſont proprement deux mers de reflexions; cependant tout le monde les lit, ou plutôt on les dévore. Ainſi, MONSIEUR, toutes mes digreſſions morales ſur les Fables de la Fontaine, ne péchent peut-être pas contre le goût du tems, parce qu'elles ſont morales, ni parce qu'elles ſont en grand nombre, mais parce qu'elles n'ont pas l'agrément de celles dont je viens de parler, & je ſuis prêt à en convenir.

Vous prenez le parti d'Epictete à qui vous croyez que je manque de reſpect dans ma troiſiéme Lettre, avec autant de chaleur, que s'il s'agiſſoit d'un Pere de l'Egliſe, je n'attaque point ſa morale, qui me paroît, comme à vous, extrêmement belle; mais je vous avouë franchement que je trouve un air pédant à ce Stoïcien; & puiſqu'il étoit de ſes véritables intérêts de s'armer dans ſon eſclavage de la patience & du courage qu'il nous prêche dans ſon Livre, je ſuis fort tenté de croire qu'il avoit eû le bonheur de plier ſon imagination à ſon état. Et n'eſt-ce point une aſſez grande vertu? C'eſt tout ce que la Philoſophie peut faire de mieux. Par

 exemple,

exemple, MONSIEUR, ſous un ſaint habit comme le vôtre, la nature reclame ſouvent contre certains vœux. Voilà à peu près le cas d'épictete en eſclavage. Eh bien, celui qui vient à bout de ſe faire un plaiſir de ſon devoir, & d'aſſujettir la nature à ſon état, y trouve ſurement ſon interêt, cependant vous avouerez qu'il merite beaucoup.

Je vous ſuis bien obligé de la peine que vous avez priſe de me tranſcrire une grande page de mon Hiſtoire, pour me convaincre d'irréligion. Pour le coup, MONSIEUR, votre ſtile m'épouvante, vous me traitez indirectement d'eſprit fort, & vous étes ſur le point de me damner. Doucement, MONSIEUR, s'il vous plaît, vous n'étes point en chaire, moderez votre zéle. Si les eſprits forts ſont aujourd'hui auſſi communs que vous le dites, c'eſt que les zélateurs trouvent par tout de l'impieté & de l'irréligion. Le fameux Pere Hardoüin dans un Livre intitulé, *Athei detecti*, avoit bien oſé mettre au nombre des Athées, Deſcartes, le Pere Malbranche, Gaſſendi, & preſque tous les grands hommes du dernier ſiecle; tout eſt plein encore d'imaginations ſemblables à celles de ce bon pere, & l'on ne peut guére s'éloigner des préjugés populaires, ſans

être

être accusé de penser librement. Quand mes Rats solitaires seroient une Satire allegorique contre les Moines, je ne désespererois point du tout de mon salut; je sçai séparer la Religion de ceux qui en portent les livrées, & je ne crois pas devoir plus de respect au froc, qu'à la casaque du soldat. Vous dites qu'il ne sied jamais de railler sur des sujets si délicats, c'est-à-dire, sur les Moines : Mais croyez-vous qu'on risquât moins d'en faire l'apologie ?

Après tout, MONSIEUR, je ne conviendrai point du sens que vous donnez à mon allegorie. J'ai eu la même précaution que M. de la Fontaine, d'avertir mes Lecteurs que c'étoit aux Dervis des Turcs qu'il falloit comparer ces Rats solitaires : il me semble que cette explication étoit assez claire pour dissiper vos allarmes, & je vous prie de vous en contenter.

L'expression de prieres inutiles va encore, selon vous, à détruire un dogme de l'Eglise, autre terreur panique. Mon Ouvrage n'est point un écrit dogmatique dont toutes les expressions dussent être mesurées, & vous ne deviez pas le lire avec des yeux théologiques, c'est vouloir examiner une chanson aussi sévérement que les matieres de la grace.

Il s'agissoit du blocus de Ratopolis, & j'ai dit qu'il y avoit peut-être encore dans le voisinage vingt mille Rats retirés dans des Chartreuses de bled ou de fromage qui auroient pû faire lever le blocus de la ville, s'ils avoient voulu y marcher, & secourir la ville de leurs personnes, non de prieres inutiles. Dans l'esprit de mon allegorie, s'il y en a une, cela peut signifier que ce sont les Soldats, & non les Solitaires qui défendent les Etats, que dans l'ordre naturel nous ne devons point compter sur des miracles lorsque nous négligerons les moyens ordinaires : cela peut signifier que si la Ville de Paris étoit assiegée, les prieres de tous les Couvens seroient probablement inutiles, si personne ne faisoit tête à l'ennemi. Enfin, MONSIEUR, c'est le même sens que celui de la Fable du Chartier embourbé, aide-toi, & Dieu t'aidera; & tout cela me paroît fort orthodoxe.

Vous avez bien deviné, MONSIEUR, que ma quatriéme Lettre, est celle qui m'a le plus coûté, & c'est aussi celle dont je suis le plus mécontent : Je sens à merveille que les Rats de cerveau pouvoient fournir une allegorie mieux conduite, & de meilleurs portraits. Mais je vous avouerai naturelle-

ment

ment que ce morceau m'avoit si fort fatigué l'imagination, que je ne pûs jamais prendre sur moi de le retoucher.

Vous voyez, MONSIEUR, que je suis de bonne composition, lorsqu'il ne s'agit que de mon Ouvrage; mais vous me trouverez très-retif, & très-opiniâtre, lorsque vous m'attaquerez sur le personnel, & vous avez résolu de me prendre toujours de ce côté-là. Ma sixiéme Lettre est encore un nouveau sujet de scandale pour vous; vous croyez que j'ai les sentimens de Lucrece, pour avoir dit comme lui que la crainte fit les premiers Dieux du monde. Que vous avez l'imagination tendre! Je vous plains, en vérité; cette disposition à vous scandaliser à tous momens est aussi contraire au bonheur & peut-être à la raison, que la malheureuse facilité d'Heraclite à s'affliger de tout. C'est donc l'impieté de Lucrece qui vous allarme, car ma pensée en elle-même est vraye, & très-naturelle. Les Crocodiles, les Serpens que les Egyptiens adoroient, les Dieux monstrueux, les Idoles horribles de ces Nations anciennes que les Juifs détruisirent, ne devoient-ils pas leur divinité à la crainte de leurs adorateurs, qui appliquoient à des animaux terribles, ou à des monstres

 imaginaires,

imaginaires, l'idée confuſe d'un Eſtre ſupérieur ? La reconnoiſſance, le reſpect, les beſoins, l'eſperance ont auſſi fait des Dieux, mais il eſt très-probable que l'idolâtrie qui a dû prendre ſa ſource dans les paſſions les plus fortes, a formé des Dieux terribles avant que d'imaginer des Dieux bons. Donc la crainte fit les premiers Dieux du monde. Cela eſt ſimple, mais vous craignez que l'on n'entende par-là que c'eſt la crainte qui a donné la premiere idée d'un Dieu tel que nous le croyons. En ce cas, MONSIEUR, on entendroit mal, puiſqu'il s'agit de l'idolâtrie, & je n'écris pas pour des eſprits de travers ; je ſçai bien que cette même penſée eſt impie dans Lucrece, mais c'eſt qu'on ſçait d'ailleurs que ce Philoſophe n'admettoit d'autre divinité que la Nature. Sur quoi je vous prierai d'obſerver, en paſſant, que l'on a communément une fauſſe idée de l'impieté des Grecs & des Romains. Nous donnons de bonne foi le nom de pieux & de religieux à des Payens attachés à leurs idoles & illuſtres ſeulement par leurs ſuperſtitions, & nous appellons au contraire impies quelques Philoſophes, quelques génies extraordinaires qui ont eu la noble audace de ſe moquer de la Religion & des Dieux de leur tems. Leurs

Contemporains

Contemporains avoient droit d'en juger ainsi; mais nous autres Chrétiens nous sommes injustes de prétendre que des gens éclairés ayent dû suivre une Religion absurde, parce qu'elle étoit établie; car en ce cas la véritable Religion seroit toujours celle de son païs & de son siécle. Ainsi, Lucain n'est point impie pour mettre Caton au dessus des Dieux, qu'il ne croyoit pas, ni Pyrrus pour avoir pillé des Temples qu'il ne révéroit point, ni les Philosophes pour n'avoir pas été assez sots pour adorer Jupiter ou Vénus. Lucrece même ne mériteroit pas d'être accusé d'impieté au moins par des Chrétiens; si en se moquant des Dieux, il eût respecté un Estre superieur, comme l'ont fait la plupart des Philosophes.

Vous supprimerez, si vous voulez, les termes de benefice & de miracles dont vous croyez que j'abuse. Deux mots ne valent pas la peine de disputer. Si Crinis Prêtre d'Apollon n'avoit pas un benefice, il avoit quelque chose d'équivalent, & il est toujours vrai que les prodiges de la Religion payenne étoient des mracles pour les Payens. Je me tire vîte de vos Observations Théologiques, pour répondre à des objections plus à ma portée, & peut-être plus convenables

que

que vous me faites ſur mes critiques d'Homere. Je ne ſuis pas ſi dévoüé aux modernes, ni ſi prévénu contre les anciens que vous le penſez. Peut-être même aimai-je plus délicatement que vous ne faites cet Homere que je critique, car je l'aime comme j'aime mes amis, avec tous ſes défauts : mais je ne peu pas m'empêcher de voir que ce ſont des défauts ; ces préventions ne ſont pardonnables qu'à des Amans emportés qui prennent un nez camard, un polipe, un œil louche pour des agrémens dans leurs maîtreſſes. Je ſçai bien qu'on eût mal fait ſa Cour à Madame Dacier, ſi l'on eût mal parlé devant elle des héros d'Homere ; ſur cet article, jamais homme de College n'a été ſi pédant qu'elle ; mais je veux pour Juges des gens ſans partialité, & qui ne crient point ſans raiſon *vivent les Grecs*. Il me ſemble qu'en général, Homere donne aux Dieux trop de part aux affaires des hommes dans ſon Illiade. Leur entremiſe eſt, ſans doute, néceſſaire dans un Poëme épique où le merveilleux & le ſublime doivent regner. Que les Dieux conduiſent donc les événemens, qu'ils ſoutiennent les héros, qu'ils les animent dans des occaſions périlleuſes, à la bonne heure. Mais il ne faut pas qu'ils faſſent tout,

tout, & que tout roule ſur eux. Les Héros doivent auſſi être grands par eux-mêmes, & s'élever au deſſus de l'humanité ſans en ſortir; c'eſt-à-dire, que leurs actions doivent être des actions des hommes, & non des Dieux.

Or, je vous demande à préſent, MONSIEUR, ſi ce grand Achille qui fait tant de bruit ſur les bords du Scamandre eſt un vrai héros; ſa mere Thétis non contente de l'avoir rendu invulnérable en le plongeant dans le Styx, lui donne encore des armes divines forgées par Vulcain, & le laiſſe ainſi aller exercer ſa fureur boüillante contre les Troyens. Mais que riſquoit ce Prince invulnérable? Et où eſt la véritable bravoure lorſqu'on ne riſque rien? J'admire le courage d'Hector d'oſer ſe meſurer contre un pareil enchanteur, ſur lequel il n'avoit de priſe qu'au talon, encore ne ſçavoit-il pas ce myſtére. Achille étoit donc proprement ce qu'on appelle en ſorcellerie un *homme dur*, qui devoit ſes exploits à la vertu du Styx, & aux armes de Vulcain, & ſon courage à l'impoſſibilité de ſe faire bleſſer : c'étoit une machine de guerre que les Dieux & le deſtin faiſoient agir contre la Ville de Troye.

Homere, il eſt vrai, ſçavoit auſſi peindre de

de vrais héros ; Ajax, par exemple, eſt ſans contredit le plus vaillant des Grecs, parce qu'il ne doit ſa valeur qu'à lui-même, & l'on admire, avec raiſon, ce noble emportement qui le fait s'écrier quand il voit que la nuit va faire ceſſer le combat.

Grand Dieu rens nous le jour, & combas contre nous.

Mais il ne s'agit point ici des beautés d'Homere, ſuivons le caractere d'Achille : Il ſçavoit bien qu'il étoit néceſſaire aux Grecs, & que Troye ne pouvoit être priſe ſans lui ; auſſi voyez comme il ſe fait valoit ; parce qu'on ne veut pas lui donner une eſclave qui lui plaît, il ſe renferme dans ſa tente, & refuſe abſolument de combattre les Troyen, cette colere d'Achille ſi fameuſe, n'eſt-elle pas un pur dépit amoureux, une mutinerie d'enfant.

Achille beau comme le jour,
Et vaillant comme ſon épée,
Pleura neuf ans pour ſon amour,
Comme un enfant pour ſa poupée.

C'eſt ainſi que Sarazin le traite, & je gage qu'il auroit toujours boudé dans ſon Camp, ſi ſon ami Patrocle n'eût pas été tué par Hector ;

tor; A cette nouvelle, le dépit d'Achille se change en fureur, & le voilà à la fin qui marche contre les Troyens : ainsi c'est toujours l'humeur, la colere, la bile qui dominent dans toutes ses actions, & qui lui font prendre ou quitter les armes.

Ce que je dis du sujet de la Guerre de Troye, ne tombe pas sur Homere; ce n'étoit point sa faute si la ligue des Princes Grecs n'étoit pas raisonnable. Je fais simplement une reflexion philosophique sur la cause de cette guerre célébre, & je trouve qu'Helene, eût-elle été cent fois plus belle, les Rois de la Grece avoient bien de la bonté de venir chercher des coups pour elle dans les plaines de Phrygie. Il est vrai, comme vous me le faites observer, que Menelas, comme un bon mari aimant sa femme, ne devoit pas se voir cocufier tranquillement. Cependant il y a bien des gens de beaucoup d'esprit qui lui auroient conseillé de prendre son malheur en patience, & de se consoler ailleurs de la perte de sa femme, d'autant plus qu'elle s'étoit fait enlever elle-même par le beau Pâris qui lui avoit plû & peut-être auroit-il agi plus sagement. C'étoit à son frere Agamemnon à lui donner ce conseil salutaire, au lieu d'épouser sa vengeance;

au moins n'auroit-il pas trouvé lui-même, à son retour de Troyes, un Ægiste dans sa Cour qui l'actéonisoit, & qui d'intelligence avec Clitemnestre, le fit *assommer comme un bœuf*, selon l'expression d'Homere.

Pour tous les autres Princes de la Grece, l'enlevement d'Helene devoit leur être fort indifferent, &, quoiqu'Alliés des *Atrides*, ils pouvoient, sans manquer à la foi des Traités, les abandonner dans une querelle domestique. La plûpart se firent un faux point d'honneur de venger la Grece qu'ils croyoient mal-à-propos offensée dans la personne de Menelas: la conquête de Troye, & l'amour de la gloire anima les autres, & les plus raisonnables furent obligés, malgré eux, d'entrer dens la confédération. Ulysse, par exemple, que la raison & la prudence guidoient toujours, contrefit long-tems le fou pour s'en exempter, & cette folie affectée étoit fort sage. Il sentoit bien que pendant son absence il courroit risque de perdre sa femme en faisant rendre celle de Ménelas. En effet elle fut attaquée vivement, & ce qui paroît incroyable, elle soutint pendant vingt ans les assauts d'une foule d'amans opiniâtres. Mais il étoit tems qu'Ulysse arrivât; car elle étoit prête de capituler & de rendre la place, si le secours qu'elle attendoit n'y fût bien-tôt entré. Si nous avions les anecdotes des Cours des autres Rois qui furent au Siége de Troye, je suis sûr que nous y verrions peu de ces Héros échappés à ce petit malheur que méritent tous les maris qui abandonnent dix ans leurs femmes.

Faut-il encore, Monsieur, que je vous fasse l'apologie de ma croyance sur de nouveaux articles qui vous inquiétent ? Je suis bien tenté de m'en dispenser : cependant il me paroît que vos intentions son bonnes, & le zele de votre état excuse la vivacité de votre critique. D'ailleurs, puisque j'ai commencé, il y auroit de la mauvaise grace à ne pas finir. Quand j'ai dit que la crainte est une passion dévote, & que les vœux sont la derniere ressource dans les dangers, j'ai avancé deux propositions extrêmement vrayes ; le raisonnement nous meneroit trop loin, un exemple suffira pour les développer. Les Matelots qui sont peutêtre les moins religieux de tous les hommes, deviennent subitement devots dans une grande tempête, & quand on les voit faire des prieres, on a raison de penser qu'ils n'ont plus d'autre ressource. Voilà ce que l'on dit, & je ne ds point d'autre chose en parlant des frayeurs de de Pſicarpax. La reflexion que j'ajoûte ſur l'inutilité des vœux de ce Prince Rat, n'eſt pas moins ſimple, priſe même dans un ſens allégorique. La Providence nous préſerve de l'Eau & du Feu, qui ſont des Elémens contraires à notre nature, en nous donnant la prudence de les éviter ; mais elle ne s'eſt point engagée à ſauver un homme qui va mal-à-propos ſe jetter à travers les flammes, ou ſe précipiter dans la mer. On ne connoît pas la Providence ſi on en raiſonne autrement.

Enfin, Monſieur, vous me direz ce qu'il vous plaira des lumieres du peuple, c'eſt-à-dire du peuple groſſier de la campagne, vous ne me perſuaderez pas qu'il faſſe bien la difference de la puiſſance infinie de Dieu, & du pouvoir ſubordonné du Démon. De même qu-il rapporte à Dieu une bonne moiſſon, il attribuë les grêles, les ſtérilités au diable, ou à ſes miniſtres qu'il nomme Sorciers ; & il croit que l'eſprit malin peut lui faire autant de mal, que Dieu peut lui faire de bien. J'ai crû exprimer exactement tout cela en diſant, *que le peuple admet confuſément deux principes* : il ſera par là Manichéen, ſi vous le voulez; mais ſes erreurs ſont ſans conſéquence, parce qu'il eſt peuple, & c'eſt tout dire.

Je

Je n'excuſe pas de même les Myſtiques, qui pous nous faire peur du Diable, nous le peignent comme l'auteur du mal, & le nomment *l'ennemi de Dieu*, terme impropre, qui lui attribuë l'égalité & l'indépendance. Milton fait auſſi jouer un trop grand rolle à Meſſieurs les Diables dans ſon Paradis perdu : leur rebellion reſſemble trop à la Guerre des Titans contre Jupiter ; elle avilit la grandeur de Dieu en compromettant ſa puiſſance avec des êtres qui n'ont de pouvoir que ce qu'il lui plaît de leur en donner.

Je croi, Monſieur, que vous devez à preſent être content de moi : j'ai tâché de me retablir dans votre eſprit, & de lever vos ſcrupules ; mais je ſuis obligé de vous déclarer que j'ai fait tout ce que je pouvois faire pour mon honneur & celui des Rats. Vous me permettrez de ne plus repondre aux difficultés que vous pourriez me propoſer ſur ma reponſe. Je ne voudrois pas avoir fait le meilleur livre du monde, ſi j'étois obligé de le défendre contre toutes les critiques qu'on pourroit en faire.

J'ai l'honeur d'être très-parfaitement,

MONSIEUR,

Votre très-humble & très-obéiſſant ſerviteur ****.

www.ingramcontent.com/pod-product-compliance
Ingram Content Group UK Ltd.
Pitfield, Milton Keynes, MK11 3LW, UK
UKHW020403250726
13967UKWH00005B/2439